LE MUSÉE CÉRAMIQUE DE LIMOGES

LIMOGES
IMPRIMERIE DE J.-B. CHATRAS & Cie, RUE TURGOT, 6

1873

AUX

FONDATEURS, SOUSCRIPTEURS & DONATEURS

DU

MUSÉE CÉRAMIQUE

MESSIEURS,

Nous venons nous acquitter envers vous d'un devoir que les malheurs de notre pays nous ont empêché de remplir plus tôt; nous venons vous rendre compte d'une œuvre où chacun de vous a apporté son contingent de patriotisme, de bonne volonté et de sympathies. Société archéologique, Conseil général, Conseil municipal, Souscripteurs et Donateurs, tous ont droit à ce que l'on sache la part qu'ils ont prise à la création d'un établissement national déjà prospère, déjà célèbre, et qui ne sera, croyons-nous, pour notre cher Limousin, ni sans profit ni sans gloire.

Tous ont été à la peine ; tous doivent être à l'honneur.

C'est dans ce sentiment que la Commission du Musée céramique a réuni dans une seule liste, et comme dans une sorte de « Livre d'or, » les noms épars de tous les bienfaiteurs du Musée ; c'est dans ce même sentiment qu'elle vient exposer en peu de lignes quelles furent les origines du Musée, avec quelle rapidité il a grandi, à quel brillant avenir il a le droit de prétendre, et enfin dans quelle mesure elle-même s'est associée à ce commun effort.

Limoges, 15 juillet 1873.

La Commission du Musée.

LE

MUSÉE CÉRAMIQUE

DE LIMOGES

C'est à M. Migneret, ancien préfet de la Haute-Vienne, que revient la création du Musée céramique. Le 26 décembre 1850, il chargea la Société archéologique de l'organisation, de la classification & de la conservation du nouveau Musée, & nomma, à cet effet, une Commission composée de MM. Alluaud aîné, Mazard père, Fayette, l'abbé Texier, Perdoux & Dubois, fabricant de porcelaines.

Vers la même époque, M. le Ministre de l'agriculture, du commerce & des travaux publics, dans le but d'encourager les efforts de la Société, donnait au Musée céramique *une certaine quantité de pièces de porcelaine provenant du Musée de Sèvres.*

C'était un excellent début; malheureusement le local était insuffisant ou plutôt le local n'existait pas; d'autre part, les ressources financières de la Société étaient fort restreintes, &, il faut l'avouer, l'indifférence du public aidant, le Musée céramique resta, on peut le dire, à l'état de projet. A l'exception d'une intéressante collection de poteries algériennes, envoyées par notre compatriote M. Géry, & de quelques rares objets achetés par la Commission, il était en 1863 aussi peu avancé & aussi peu connu qu'en 1850.

Si nous prenons comme point de comparaison cette date de 1863, c'est que la première tentative d'organisation du Musée céramique date de cette époque. Dans la séance tenue par la Société archéologique le 26 février 1863, le secrétaire général de la Société, M. Emile Ruben, appelait l'attention de ses collègues sur l'état précaire où se trouvait une institution qui pouvait rendre cependant de si grands services à la principale industrie du Limousin, & il concluait en demandant qu'une Commission se rendît près du Préfet de la Haute-Vienne & du Maire de Limoges, pour leur exposer les raisons qui militaient en faveur de l'organisation définitive du Musée céramique.

La proposition de M. Ruben fut acceptée, & l'on nomma une Commission qui se rendit sur-le-champ près de M. Othon Péconnet, alors maire de Limoges. M. Péconnet accueillit la Commission avec la plus grande bienveillance, & offrit au Musée le don fait à la ville par M. le Ministre d'État des pièces provenant de la collection Campana. Quant au fond même de la question, qui était la création d'un local spécial pour le Musée céramique, il dit qu'il fallait attendre & conseilla d'établir un local provisoire dans la salle qui fait suite à celle où la Société archéologique tient encore aujourd'hui ses séances.

Tel fut le premier effort, mais on en resta là, & dans le projet de budget pour 1864, nous voyons les « dépenses du Musée » fixées à VINGT FRANCS. Cependant M. Ruben revint à la charge, & avec une ténacité à laquelle nous devons rendre justice, il proposa à la séance du 24 novembre 1864, de porter la salle des séances de la Société dans une pièce attenante où se trouvent encore les collections d'oiseaux & de minéraux, & d'établir le Musée céramique dans la salle qu'on abandonnerait. On *aurait réuni cette dernière au Musée de tableaux par une large ouverture cintrée pratiquée au milieu de la muraille, de façon à en rendre l'accès plus commode & la surveillance plus facile.*

La proposition fut prise en considération, & M. le Président de la Société dut faire avec le Directeur du Musée, M. Buisson de Masvergnier, une démarche près du Préfet pour obtenir cette réparation. La démarche fut faite, & le Préfet, M. Boby de La Chapelle, promit de faire étudier la question par l'architecte du département.

Encore une fois l'élan était donné, mais il s'agissait d'en tirer parti & de ne pas retomber dans l'immobilité première. La Société jugea donc bon, en attendant qu'on obtînt du département ou de la ville, pour le Musée céramique, un local digne de lui, de s'occuper de la réorganisation du Musée dans son ensemble & de ses subdivisions. Elle nomma une Commission qui choisit à son tour M. Larombière comme rapporteur, & dans sa séance du 26 mai 1865, elle reçut communication du travail de notre honorable & savant collègue.

Le 26 mai 1865 est une date dont il nous faut garder la mémoire, car c'est ce jour, nous pouvons le dire, que le Musée céramique fut créé & reçut ses grandes lettres de naturalisation & son droit de cité.

A la suite, en effet, du rapport de M. Larombière, M. Adrien Dubouché fut nommé directeur du Musée, & MM. Nivet-Fontaubert, Astaix, Maurice Ardant & Maquart, sous-directeurs.

La nouvelle direction se mit à l'œuvre sur-le-champ. A cette époque il était déjà question de raser le bâtiment qui sert encore aujourd'hui d'asile à la Société archéologique, au Musée de tableaux & à la Bibliothèque communale; mais cette éventualité, redoutable cependant au premier abord, n'arrêta pas la direction. Elle ne pouvait faire alors que du provisoire, & se rappelant que le provisoire est ce qu'il y a de plus stable en France, elle pensa qu'avant la démolition du bâtiment menacé, il y avait le temps nécessaire pour une installation convenable du Musée dans le local actuel & pour la création d'un Musée céramique. Elle installa donc, elle bâtit, elle créa, & elle a eu raison, puisque aujourd'hui, en 1873, l'ancien palais de justice subsiste encore.

« Notre pensée dominante, disait M. Dubouché dans le rapport qu'il adressait à la Société le 26 décembre 1865, a été la création de ce Musée céramique, *constamment réclamée depuis dix-huit ans & constamment ajournée. Nous avons cru que ce Musée devait être tout à la fois une partie de nos archives historiques & la conservation de notre industrie porcelainière ; mais, pour cela, il ne fallait pas le confondre avec les autres objets artistiques, scientifiques & historiques ; il fallait qu'il eût une existence à part : une salle spéciale devait donc lui être destinée.*

» C'est ce que nous avons fait en empiétant un peu sur le grand salon. Ce Musée n'est pas certainement bien vaste, mais enfin il nous permet d'attendre des temps meilleurs, quoique cependant, grâce à l'empressement des fabricants de Limoges & de Paris, les vides se remplissent avec la plus grande rapidité. Nous serions ingrats de ne pas signaler en passant les personnes intelligentes & généreuses qui se sont empressées de concourir à l'œuvre commune.

» C'est donc avec une profonde gratitude que nous remercions de leurs splendides envois MM. Ardant & Cie ; Gibus & Cie ; Jouhanneaud & Dubois ; Faure, Thomas & Cie. Nous exprimons aussi notre reconnaissance à MM. Alluaud aîné, Chabrol & Toustain, Guerry & Delinières, Haviland, Jullien, Latrille

& Pouyat, des promesses qu'ils ont bien voulu nous faire. »

Les dépenses nécessitées par l'installation du Musée céramique s'élevaient à 3,231 fr. 02 c.; mais la direction avait pour y faire face une somme de 3,300 fr.

Cette somme était due à la générosité éclairée du Conseil général & du Conseil municipal. Tous deux avaient compris l'importance de l'œuvre nouvelle & tous deux lui venaient en aide, le premier en ajoutant à son allocation annuelle de 500 fr. une allocation supplémentaire de 400 fr.; le second en ajoutant 2,000 fr. à son allocation annuelle de 400 fr.

Ainsi comprise & ainsi soutenue, la Société archéologique put subvenir aux premiers frais du nouveau Musée qui, dans cette seule année 1866, reçut en dons cinq cent vingt-six pièces de porcelaines ou de faïences. Sur ce nombre, quatre cent cinquante pièces avaient été offertes par le directeur, M. Adrien Dubouché.

L'élan était donné, & de telle sorte qu'il ne laissait plus de place à l'indifférence ou au doute. Ce Musée, resté à l'état de projet pendant quinze ans, existait enfin. Sans doute, il avait mis le temps à naître, mais comme pour se dédommager d'un si long retard, il avait sans transition passé, pour ainsi dire, de l'enfantement à l'épanouissement d'une vive & robuste jeunesse.

En moins d'une année il se trouvait déjà mal à l'aise dans l'asile qu'on lui avait donné, & faisait plier ses étroites vitrines sous le poids des richesses qui venaient chaque jour s'y amonceler. Au 15 décembre 1866, le Musée installé le 1er novembre 1865, contenait 808 pièces données ou acquises [1].

Tout, du reste, venait en aide à ses fondateurs. L'année de l'Exposition universelle était arrivée & jamais meilleure occasion ne s'était offerte pour ajouter d'un seul coup aux trésors acquis, les chefs-d'œuvre de la céramique du monde entier. Disons-le bien haut à l'honneur de notre Limousin : chacun comprit qu'un nouveau sacrifice était nécessaire & chacun voulut en prendre sa part.

Pour la seconde fois, le Conseil municipal donna l'exemple. Il vota une somme de 2,000 fr. & prit, en outre, l'initiative d'une souscription publique. Le Conseil général, de son côté, vota 400 fr. ; M. Paulin Talabot, avec une générosité qui mérite un souvenir spécial, envoya 500 fr. ; à côté de lui, riches & pauvres vinrent s'inscrire,

(1) Voir le rapport lu par M. Émile Ruben, à la séance de la Société archéologique du 16 mars 1869.

chacun selon ses moyens, tous avec le même cœur, & près de 10,000 fr. furent souscrits en quelques semaines [1].

C'était assez pour que le Musée pût figurer à l'Exposition. Il usa de toutes ces ressources; il frappa à la porte non-seulement des fabricants français, mais encore à celle des fabricants étrangers, & partout il trouva accueil chaleureux & mains ouvertes.

« Ces intelligents industriels de la France & de l'étranger, disait M. Dubouché dans le rapport qu'il adressait à M. Le Sage, maire de Limoges, en janvier 1869, ont compris que le succès des uns était le succès des autres; avec nous, ils ont voulu substituer la lumière à l'ignorance, le progrès à la routine, les bons rapports à la concurrence envieuse, les études faites au grand jour aux secrets stériles & mal gardés..... L'avenir est à la science qui féconde, à l'industrie qui civilise, au commerce réparateur qui enrichit les peuples sans chercher ni le bruit ni la gloire. C'est pourquoi tous les esprits sensés sont avec nous, manufacturiers & gens du monde, qui n'hésitent pas, pour le bien public, à se séparer des

(1) Le chiffre exact est 9,558 fr. 35 c. — Rapport de M. Dubouché à M. le Maire. Janvier 1869. — Voir le *Courrier du Centre* du 31 janvier.

plus belles curiosités de leurs collections & souvent des souvenirs précieux de la famille.

» Je termine ce rapport, Monsieur le Maire, disait encore M. Dubouché, en vous rappelant l'appui que la Société archéologique a toujours donné à notre utile entreprise; cette savante compagnie a fait, sur des ressources fort restreintes, des prodiges d'économie au profit des collections si importantes dont je vous donne aujourd'hui la trop courte analyse; elle a droit à nos félicitations. Quant au Conseil municipal, il n'est point de remercîments que nous ne devions lui adresser; mais la louange a aussi sa pudeur; je me bornerai donc à dire que les actes du Conseil ont été pour notre œuvre la preuve éclatante d'une énergique & constante sympathie. A un aussi bel exemple de patriotisme, mon devoir est de répondre, au nom de mes très chers collègues, par l'expression du dévoûment le plus complet au bien du pays. »

M. Dubouché avait raison de remercier à la fois la Société archéologique & le Conseil municipal; c'était à cette double paternité que le Musée céramique devait sa naissance. Le temps était venu cependant où, par ses accroissements continuels, par son importance devenant chaque jour de plus en plus grande, le Musée avait besoin d'une direction unique & nettement déterminée. Appartiendrait-il à la Société archéologique ou au Conseil municipal? De part & d'autre les titres étaient sérieux. C'était du sein même de la Société qu'était sorti le Musée; c'était elle qui lui avait donné sa première demeure. De son côté, le Conseil municipal était largement venu à son aide; à deux reprises différentes il l'avait subventionné; il venait de l'inscrire au budget de 1869 pour une somme de 3,000 fr.; enfin, il lui préparait dans l'ancien asile des aliénés un commode & spacieux local.

Ce fut la Société qui trancha la question. A sa séance du 22 février 1869, elle avait procédé à l'élection de la direction du Musée. M. Adrien Dubouché avait été élu directeur; MM. Nivet-Fontaubert, Albert Guillemot, Maquart, Émile Ruben, Linard, Lemas, Henri Ardant avaient été nommés sous-directeurs. A cette même séance, M. Maquart avait annoncé que les travaux d'appropriation du nouveau local destiné au Musée céramique étaient sur le point d'être terminés, & il avait demandé que la Société mît à l'étude la question, déjà soulevée, des droits respectifs du département, de la ville de Limoges & de la Société archéologique sur le Musée général & sur le Musée céramique. —

L'assemblée, prenant en considération la proposition de M. Maquart, avait renvoyé l'examen de cette question à une Commission composée de MM. Dubédat, Garrigou-Lagrange & Hervy, qui pouvaient s'adjoindre les directeurs du Musée.

Cette Commission avait choisi M. Émile Ruben comme rapporteur, & à la séance du 16 mars 1869, M. Ruben donna lecture de son rapport (1). Nous regrettons que les dimensions de cet ouvrage ne nous permettent pas de reproduire en entier ces pages, où l'auteur a traité la question avec la netteté & la précision qui lui étaient habituelles. Nous nous bornerons à en citer les conclusions :

« 1° Le Musée céramique n'est pas compris dans l'arrêté d'organisation du Musée archéologique & historique. La réglementation du premier n'est pas applicable au second.

» 2° En admettant que le Musée céramique fût partie intégrante du Musée départemental, il y aurait toujours lieu de décider, d'après ce que nous avons dit plus haut, que la ville n'a pu se dessaisir de la propriété des objets

(1) *Bulletin de la Société Archéologique*, tome XIX, pages 45 et suivantes.

à elle donnés par le gouvernement, comme, par exemple, du premier lot de Sèvres & des objets provenant du Musée Campana, ce qui réduirait à bien peu de choses les cérames devant rester au Musée départemental.

» 3° En ce qui touche les objets céramiques déposés au Musée depuis la réorganisation de 1865, le doute est encore moins permis. Ils appartiennent à la ville, & n'ont été déposés provisoirement au Musée général qu'à défaut d'un local pour les recevoir. Toutes les personnes qui ont concouru à cette réorganisation ont entendu faire du Musée céramique la propriété exclusive de la ville, comme cela existe pour presque tous les Musées. Telle a été la pensée de la Société archéologique, qui a donné le mouvement; de l'Administration municipale, qui a voté des fonds pour l'acquisition des objets & l'appropriation d'un local à elle appartenant; des Souscripteurs & des Donateurs eux-mêmes; de la ville tout entière en un mot. C'est dans cette pensée que la direction du Musée a accepté, concurremment avec des membres du Conseil municipal & des fabricants de porcelaine, la mission de faire des acquisitions à l'Exposition universelle, de provoquer les dons, d'organiser les objets donnés. Elle a rempli ce mandat avec le plus grand zèle. Grâce à ses efforts, *la ville de Limoges possède enfin un Musée qui, dans quelques années, sera sa gloire. Dans votre dernière séance, vous avez reconnu tous ces titres à la reconnaissance publique en renommant à l'unanimité le directeur, M. Dubouché, & les sous-directeurs.*

» Cependant, la tâche de la direction n'est pas finie. Elle a devant elle un rude & long travail d'installation. Et c'est ici le lieu d'examiner les droits que la Société archéologique peut revendiquer à la direction du Musée céramique.

» A s'en tenir aux termes de l'arrêté spécial d'organisation de ce Musée, les droits de la Société ne sont pas douteux. Elle a été chargée par le Préfet de l'organisation & de la conservation du Musée céramique. Cependant, ce Musée devenant municipal, votre Commission ne pense pas que l'action du Maire doive être gênée en rien & que la direction du Musée doive imposer ses services. Tels sont, du reste, les sentiments des membres de la direction, que nous avons dû consulter.

» Mais il est bon d'éviter pour l'avenir une confusion qui pourrait être préjudiciable aux intérêts de la Société; & votre Commission pense qu'il serait prudent, au cas où l'Administration municipale accepterait les services

de la direction actuelle, de séparer votre budget de celui du futur Musée. La Société a de grandes charges occasionnées par ses publications (Bulletin, Nobiliaire, Registres consulaires). En outre, le nombre de ses membres est sensiblement diminué; elle a épuisé ses ressources en frais d'appropriation du Musée départemental, d'acquisition d'objets divers, etc. Il lui est impossible de faire de nouveaux sacrifices. Tout ce qu'elle peut faire dorénavant, si ses moyens le lui permettent, c'est de voter chaque année une subvention au Musée céramique, & nous sommes sûrs qu'elle n'y manquera pas. »

Ces conclusions furent adoptées à l'unanimité par la Société, & ce fut ainsi que le Musée céramique devint, en mars 1869, complètement municipal. Le Maire de Limoges, M. Le Sage, confirma dans ses fonctions le Comité directeur (1)*, & comme l'installation du nouveau*

(1) Ainsi que nous le disons plus haut, ce Comité se composait de M. Adrien Dubouché, directeur; MM. Emile Ruben, Henri Ardant, Lemas, Linard, Nivet-Fontaubert, Maquart, Albert Guillemot, sous-directeurs.

MM. Maquart et Henri Ardant furent nommés vice-présidents; M. Ruben, secrétaire; M. Guillemot, trésorier.

M. le Maire de Limoges est président-né.

Cette Commission est celle qui est encore en fonctions au moment où ces lignes sont écrites. Elle a perdu deux membres, MM. Ruben et Maquart. M. Ruben a été remplacé, en 1873, par M. Godefroy, architecte de la ville.

local donné par la ville au Musée était terminée, on procéda sur-le-champ au transport des porcelaines & des faïences contenues dans les vitrines de la Société archéologique.

Ce ne fut pas sans un vif sentiment de joie que la Commission se vit en possession de vastes salles, situées de plain-pied au rez-de-chaussée, & où l'air & la lumière entraient à flots. Ils trouvèrent bien, au premier abord, que leurs richesses semblaient se perdre au milieu de ces larges espaces, mais ils avaient confiance dans l'avenir, & ils avaient raison, puisqu'en moins de quatre ans, les salles se remplirent & qu'elles sont insuffisantes aujourd'hui.

Le Conseil municipal avait, ainsi que nous l'avons déjà dit, pris deux fois l'initiative quand la création du Musée céramique fut décidée. Il avait ajouté, pour 1866, 2,000 fr. (1) à son allocation annuelle, & en 1867 il avait encore donné 2,000 fr. Les réparations & appropriations faites dans l'ancien asile des aliénés lui avaient coûté 27,000 fr.; enfin, en 1869, il inscrivait à son budget une subvention annuelle de 3,000 fr.,

(1) Voir le rapport adressé à la Société archéologique par M. A. Dubouché, et lu à la séance du 26 décembre 1865.

& la lui maintenait d'année en année [1]. Il en résulte que, du 1er janvier 1869 au 31 décembre 1872, la ville de Limoges a donné au Musée une somme de 12,345 fr. 20 c., qui se répartit ainsi :

1869 : 3,000 fr., plus une somme de 345 fr. 20 c., reste de la subvention de 500 fr. votée en 1868 & payée en 1869, déduction faite de 154 fr. 80 c. retenus par la ville pour paiement du port du tableau de M. Stattler, intitulé : Une Ondine, & placé au Musée céramique ;

1870, 3,000 fr. ; 1871, 3,000 fr. ; 1872, 3,000 fr.

Si, à ces 12,345 fr. 20 c., nous ajoutons les 2,000 fr. donnés en 1866 & les 2,000 fr. donnés en 1867, nous arrivons à un total de 16,345 fr. 20 c.

Sur cette somme, les 2,000 fr. de 1866 ont servi, comme nous l'avons dit, à payer l'installation du Musée dans la place que lui avait offerte la Société archéologique ; les 2,000 fr. de 1867 ont été joints à la souscription pour solder l'achat des pièces acquises à l'Exposition universelle. Sur les 12,345 fr. 20 c. versés de 1869 à 1872, 9,423 fr. 50 c. ont été consacrés à l'achat de faïences ou de porcelaines ; 2,921 fr. 70 c. au paiement

(1) Le Conseil a voté cette même somme de 3,000 fr. pour 1873.

du transport, en 1869, des cérames de la Société archéologique dans l'ancien asile des aliénés; de différents travaux de menuiserie & de serrurerie; de ports, de camionnages, & enfin à l'achat, au prix de 750 fr., de la magnifique vitrine que nous avons tous vue en 1870, au Salon de la Société des Amis des Arts du Limousin, & qui sera d'un si utile emploi lorsque le Musée aura reçu les agrandissements dès aujourd'hui nécessaires.

Si, maintenant, à ce total de 16,345 fr. 20 c. nous ajoutons les 27,000 fr. dépensés directement par la ville pour l'appropriation du local actuel, nous arrivons à une somme de 43,345 fr. 20 c.

Le chiffre est considérable, comme on le voit, & c'est avec reconnaissance que la Commission le place sous les yeux des bienfaiteurs du Musée. S'il y a, comme elle le pense, une certaine gloire à faire une œuvre utile au pays, elle se fait un devoir & un plaisir de rendre à chacun la part qui lui revient, aussi bien, du reste, qu'elle s'empresse de reconnaître que de tout temps le Conseil municipal lui a laissé sa pleine & entière liberté d'action. Ce qu'elle croit pouvoir ajouter, c'est qu'elle a usé de cette liberté pour le mieux des intérêts qui lui ont été confiés.

A côté du Conseil municipal, il est juste de placer le Conseil général. Depuis longtemps déjà, le Conseil général donnait à la Société archéologique une subvention annuelle de 500 francs, spécialement affectée à l'entretien du Musée de tableaux.

En 1866, comme nous l'avons déjà dit, il voulut participer à la fondation du Musée céramique, & à son allocation annuelle de 500 fr. il ajouta une allocation supplémentaire de 400 fr.

En 1867 & en 1868, il maintint cette allocation.

En 1869, quand le Musée céramique passa aux mains de la Municipalité, le Conseil général ne s'en crut pas moins obligé de continuer à favoriser les développements d'une œuvre dont il comprenait, avec grande raison, l'importance, non-seulement pour Limoges, mais aussi pour le département tout entier.

Il vota donc, en 1869, une subvention annuelle de 500 fr., & il l'a vota successivement pendant les années 1870, 1871 & 1872. Enfin, à sa réunion du mois d'août 1872, sur la proposition de son vice-président, M. Edouard Bouillon, il s'associait plus largement encore à l'œuvre qu'il avait aidé à fonder, & dont la rapide prospérité l'avait vivement frappé, en inscrivant le Musée céramique à son budget de 1873, pour une somme de 800 fr. En résumé, le Conseil général, depuis 1866 jusqu'en 1872 inclusivement, a donné 3,700 fr., & c'est pour cette somme qu'il entre dans l'entretien & dans l'embellissement du Musée.

Enfin, à côté du Conseil municipal & du Conseil général, à côté de la foule sans cesse renouvelée des Donateurs, il faut placer l'Etat. A plusieurs reprises l'Etat a donné au Musée céramique des porcelaines sorties de la manufacture de Sèvres, toutes remarquables, toutes intéressantes, & dont plusieurs sont, pour nos artistes limousins, d'incomparables modèles. A ces magnifiques envois nous devons ajouter soixante-cinq pièces du Musée Campana, cent soixante & une pièces de Chine, offertes par M. le Ministre du commerce, & trois tableaux dont l'un, LA CÉRAMIQUE, par M. Bouvier, ne pouvait être mieux placé que dans ce sanctuaire rempli des chefs-d'œuvre de la faïence & de la porcelaine.

C'est avec de tels soutiens que le Musée a vécu, a grandi; c'est au milieu de cette atmosphère de générosité & de sympathies qu'il s'est développé. Le 15 décembre

1866, il comprenait 808 objets; au 23 mai 1873, il en comprenait 3,107 (1). Ces deux dates & ces deux chiffres permettent, mieux qu'aucun autre document, de mesurer & d'apprécier l'espace parcouru.

Il nous serait difficile, dans ces quelques pages, de dire nos richesses, encore moins de les détailler.

Tout, nous sommes heureux de le répéter, nous arrive à souhait & de tous les points du monde (2). Les terres cuites romaines, les poteries étrusques, les poteries grecques, don magnifique de M. Cottard, de La Ciotat; les majoliques à reflets métalliques du Musée Campana, les faïences d'Aprey, Bordeaux, Strasbourg, Marseille, Moustiers & Rouen, — ces trois dernières villes surtout, — sont représentées par des pièces de grande beauté. Limoges aussi se montre avec un plat unique de faïence, daté de 1741, évidemment peint par un de nos émailleurs. Toutes ces séries sont des plus variées, des plus complètes.

(1) Sur ce chiffre, 431 pièces ont été acquises sur les fonds du Conseil municipal et du Conseil général; 374 ont été données par l'Etat, et 2,302 par les nombreux amateurs et bienfaiteurs du Musée.

(2) Le Musée attend de l'Inde quelques objets provenant de la belle et rare collection de sir Salar Jung, premier ministre du souverain du Nizam.

La Hollande avec Delft, la Suède, la Hongrie & l'Italie nous donnent de beaux spécimens de leur ancienne fabrication, en même temps que le vieux Wedgwood nous a offert les coquets échantillons de son élégante fabrique.

Quant aux nouveaux produits, nous nous enrichissons tous les jours, & les manufactures de tous les pays nous font à l'envi des envois qui, dans cinquante ans, écriront la bien intéressante histoire de l'art céramique au dix-neuvième siècle.

Nous avons, d'abord, les terres cuites du Maroc, de la Kabylie, & les poteries usuelles du Caucase, vieux types qui conservent l'éternelle beauté de la forme & la ravissante harmonie des couleurs de l'Orient.

Puis viennent les grès de Doulton, de Maw & Co; les faïences de Minton, de Copeland & du marquis Ginori. De la France, nous avons les poteries usuelles de Gien, de Creil, de Montereau, & les charmantes recherches de Barbizet, Jean, Houry, Longuet, Soupireau & Fournier, Rudhart & Genlis, Devers, Pull, Pinart, Ulysse, de Blois; Avisseau, de Tours; Collinot & Deck: ces deux derniers avec la magnifique collection de toute leur œuvre.

Les porcelaines de l'Allemagne & du nord de l'Europe, Copenhague, Stockholm, Anspach, Ludwisburg, Brunswick, Nymphembourg, Loosdrecht, les manufactures impériales de Vienne, de Berlin, & la manufacture royale de Saxe, complètent, si jamais des collections pouvaient se compléter, l'ensemble de la Céramique de tous les pays.

Toutes les pièces de la Chine & du Japon, y compris les nouvelles fabriques de Satzuma, Banco, Nanghasaki & Boccaro, sont de premier ordre. Enfin, la Perse & la Corée constituent un groupe de porcelaines d'Orient dont le choix est si parfait que tout l'honneur doit en revenir à nos correspondants parisiens : notre sympathique & regretté ami, M. Jules Michelin, mort à Limoges, victime de son dévoûment à notre œuvre ; M. Paul Gasnault, ce collectionneur délicat, savant & modeste, dont l'amour & l'enthousiasme pour notre Musée nous ordonnent la plus grande reconnaissance.

Honorer les efforts du passé, fortifier par notre admiration les efforts de nos contemporains, c'est donner aux générations futures les bons exemples dont elles sauront profiter. C'est pourquoi nous avons cherché & trouvé une brillante collection de porcelaines de Paris & de Limoges :

les vieux modèles de cette belle industrie, de cette industrie nationale, ne nous manquent pas; ils prennent une grande & belle part dans notre Musée.

Pouyat & Russinger, rue Fontaine-au-Roi; François Alluaud, Jacob Petit, Schœlcher, Nast, Ruaud, Nenert, Tharaud, Baignol frères; la fabrique de La Seynie, à Saint-Yrieix; la fabrique de M. Grellet, marque C. D., annexe de la manufacture de Sèvres cédée au roi en mai 1784, forment la glorieuse avant-garde de nos contemporains & de nos bienfaiteurs.

Ces amis, ces contemporains sont si nombreux qu'ils nous pardonneront d'abréger la longue liste de leurs noms & de leurs bienfaits; cependant, qu'il nous soit permis de citer, entre tous, MM. Gille, Jullien, Ardant, Amédée Alluaud, Charles Haviland, Gibus, Pouyat. Ces notables fabricants ont porté si haut notre belle industrie, qu'ils ont droit à notre admiration, à notre gratitude; chaque objet de leur vitrine représente un art dont un prochain avenir nous dira l'immense valeur.

Offrons aussi nos remercîments sincères à M. Peullier, président de la Chambre syndicale de la Céramique de Paris, que les exigences de la vie commerciale ont emmené loin de nous, mais qui est resté Limousin par le cœur, par *la bonne volonté, par le dévoûment à sa ville natale. Bien souvent il a servi d'intermédiaire entre la Commission & les fabricants de Paris, parmi lesquels il a su prendre une si honorable place.*

Terminons cette trop courte analyse en disant que nous avons groupé, autour des dons magnifiques de Sèvres, les œuvres artistiques de Solon, Jules Michelin, Jules Jacquemart, Chauvel & Charenton, dont le goût élevé, dont les dessins spirituels & charmants nous offrent des modèles bien utiles à suivre.

De ces 3,107 pièces, il n'en est peut-être pas une qui, depuis son entrée au Musée, n'ait acquis une plus-value. Cette plus-value s'explique par la passion avec laquelle les collectionneurs recherchent les moindres œuvres céramiques, anciennes ou modernes, de la France & de l'Orient.

Pour en donner une idée, un plat de Rouen, remarquable, il est vrai, par ses dimensions & la richesse de son décor, acheté, à Limoges, 70 fr. en 1866, en vaut aujourd'hui 2,000. A chaque pas, du reste, nous aurions de pareilles augmentations de prix à signaler. Ainsi, pour prendre quelques exemples, nous pouvons dire qu'il n'est pas une des plus petites pièces du service donné par MM. Pouyat, qui ne valût au moins 100 fr. si elle était mise en vente à la salle Drouot. Il en serait de même pour nos collections de Chine & du Japon. Quant aux porcelaines de Sèvres, elles sont toutes d'un prix inestimable. En somme, la Commission croit être dans la plus stricte vérité en fixant de 600 à 800,000 fr. la valeur actuelle du Musée.

Il faut nous arrêter ici, sous peine de changer en volume cette modeste brochure. Aussi bien, notre tâche est terminée. Ainsi que nous le disions en commençant, nous avons voulu raconter en peu de mots, à ceux qui aiment le Musée céramique, à ceux qui en ont été les fondateurs & les bienfaiteurs, quels furent ses débuts, par quelles vicissitudes il a passé, ce qu'il est aujourd'hui; nous avons voulu réunir dans un seul groupe les ouvriers de la première heure & ceux de la dernière, de façon à ce que le souvenir de leur bonne volonté & de leurs vaillants efforts ne fût pas perdu.

Voilà pour le passé; quant à l'avenir, la confiance que la Commission avait en 1869, lorsqu'elle quittait la

Société archéologique, elle l'a encore aujourd'hui, & plus ferme que jamais.

Quoi qu'il arrive, l'avenir du Musée céramique est assuré. Il est intimement lié à celui de l'industrieuse & laborieuse Cité qui l'a pris sous sa protection & l'a fait sien.

Le Musée céramique vivra tant qu'il y aura dans notre pays limousin quelque souci du beau, quelque désir du bien, & faire dépendre ainsi son existence de celle des plus nobles sentiments de l'esprit humain, n'est-ce pas en garantir à jamais la durée?

DONATEURS

De 1867 à 1870.

Musée Campana (l'État).
MM. Donzel (Charles), de Paris.
Joubert, de Limoges.
Rexès, de Jarnac.
Ardant (Maurice).
Senemaud (Henri).
Dufour (Cécile, Mme), de Bordeaux.
Chantecaille (Eugène), de Bordeaux.
Burty (Philippe), de Paris.
Vignalle, de Bordeaux.
Henry, de Bordeaux.
Genlis et Rudhart, de Paris.
Jules Houry, de Paris.
Hébert, professeur au lycée de Limoges.
Fournier, conseiller à la Cour de Limoges.
Dalesme, général.
Linard, architecte, conservateur du Musée.
Tixier, l'abbé.
Fournier, garde du génie.
Joinville (de), chef d'état-major.
Madoumier.
Baleynaud (Emile).
Vivès.
Poumerel.
Liébaux, ingénieur.
Juge-Saint-Martin (veuve).
Boby de La Chapelle, préfet.

MM. Tixier, capitaine.
Géry, ancien préfet d'Alger.
Ardant (Henri), conservateur du Musée céramique.
Gibus et Cie.
Alluaud aîné.
Sallandrouze.
Roméo Chapoulaud.
Jouhanneaud et Dubois.
Nivet-Fontaubert, conservateur du Musée céramique.
Rouard de Cars.
Bardy, conseiller à la Cour de Poitiers.
Alexis Bosc (Mme), de Bordeaux.
Henri de Valenday, de Bordeaux.
Boudet (Charles).
de Chegurat (Eugène).
Baju (Mme).
Aaron, de Paris.
Devers, de Paris.
Pillwit et Cie, de Vierzon.
Gosse, de Paris.
Capoy, de Paris.
Lacroix, de Paris.
Pinot (Mme), de Paris.
Ulysse, de Blois.
Bouffartigue, de Bordeaux.
Barbe.
Lebœuf, Millet et Cie, Creil et Montereau.
de Chabaque (Charles).
Jabet (Edmond).
Maw et Cie (Angleterre).
Macé, de Paris.
Doulton et Cie (Angleterre).
Faure fils, de Limoges.
Bruder, de Paris.
Prévost, de Paris.

MM. Jean, de Paris.
Cottard, de la Ciotat.
Dumas (Hugues), juge de paix.
Chabrol, de Limoges.
Macaire (Henri), de Bordeaux.
Saint-Marc (Charles), de Bordeaux.
Soyer (Mme), de Bordeaux.
Francez (Telephe).
de Labonne, de Monbron.
Arbellot (l'abbé), de Rochechouart.
Ranson (Auguste), de Jarnac.
Gallet-Reinemer, Saint-Clément.
Ruaud, fabricant.
Barret, garde musée.
Margelidon et Hébert, de Paris.
Tricoche (Victor), de Paris.
Latrille (veuve).
Hue et Lamarque, de Bordeaux.
Gazagne (Frédéric), de Bordeaux.
A. Thomas, de Paris.
Armand Seignouret, de Paris.
Auguste Laroche (Mme).
Faucher (Mlle).
Michel Bouquet, de Paris.
Renard veuve (Mme).
Clapeyron, capitaine au 10me dragons.
Vaslin
Laporte (Alfred) (Mme veuve).
Montréal (de), général.
Parant (Léobon).
Guillemot (Albert), conservateur du Musée céramique.
Baignol père (Etienne).
Thomas (Gabriel).
Ardant (Louis), ancien maire de Limoges.
Gorceix.

MM. L. Rousseau, de Paris.
Tixier, architecte.
Pouyat Frères.
Fressingeas jeune.
Bouland, docteur.
Macquard, conservateur du Musée céramique.
Peyralède.
Manufacture impériale de Vienne (Autriche).
Pelleport (vicomte de), de Bordeaux.
Preller Lorentz, de Bordeaux.
Latrille, à Solignac.
Jouhanneaud (Hippolyte).
Société centrale des Betons agglomérés de Paris.
Schœlcher, député au Corps législatif.
Dubois (Emile).
Barraud.
Peullier (Léon), de Paris.
Soupireau et Fournier, de Paris.
Aubert (Etienne), de Paris.
Seigle et Chavoix, de Paris.
Leuillier et Bing, de Paris.
Pull, de Paris.
Longuet, de Paris.
Collinot et Adalbert de Beaumont, Paris.
Thomas, de Paris.
Manufacture royale de Saxe.
Poyart, de Paris.
Collet, de Paris.
Letu et Mauger, de Paris.
Monvoisin, de Paris.
Geoffroy et Guérin, de Gien.
D'Intrans, de Bordeaux.
Copeland (Angleterre).
Minton (Angleterre).
Olive (Alfred), de Paris.
Compagnie des potiers, de Paris.

MM. Moreau, fabricant, de Paris.
Haviland et Cie.
Burguin, de Paris.
Demartial et Tallandier.
Lanternier.
Brianchon, de Paris.
Bapterosses, de Paris.
Dubois, fabricant de porcelaines.
Noriac (Jules), de Paris.
Chybois (Hippolyte), de Limoges.
Delauris, de Paris.
Burty (Mlle Renée), de Paris.
Orliaguet.
Pierre Véron (Mme), de Paris.
Bonnafoux, bibliothécaire, de Guéret.
Boutowski (Victor de), directeur du Musée Stroganoff (Moscou).
Félix.
Robin, sculpteur.
Emmanuel fils.
Alluaud (Victor).
Charropin (Adolphe), de Bordeaux.
Albert Jacquemart, de Paris.
Besse.

De 1870 à 1872.

MM. Adrien Dubouché, directeur du Musée..	277 pièces.
Dupuy de Quiqueran, receveur général.	5 —
Hache et Pepin le Haleur, de Vierzon.	3 —
Victor Alluaud	1 —
Henri Ardant	2 —
L. Rousseau, de Paris	2 —
Jules Jacquemart, de Paris	2 —

MM. Jules MICHELIN, de Paris............... 3 pièces.
CAUSSE-GRILLE........................ 1 —
DUBURG (Mme)........................ 1 —
DAMET (Mlle)........................ 5 —
GASNAULT (Paul), de Paris............. 1 —
DE LAÈRE, professeur aux Ecoles de Limoges.................................. 2 —
Louis ANDRÉ, élève des Ecoles de Limoges 1 —
L. CHABRELY, Id............. 2 —
VALERY, Id............. 4 —
DE BOUTOWSKI, directeur du Musée Stroganoff (à Moscou).................... 6 —
AZAM, docteur à Bordeaux.............. 1 —
SOLON (Miles), de Sèvres.............. 2 —
CHAUVEL, de Paris..................... 5 —
DRAPEYRON (Ludovic)................... 1 —
ALLUAUD frères........................ 8 —
Paul LAGRANGE......................... 1 —
BOURGOIN-MÉLISSE, de Saint-Junien.... 1 —
Docteur BLEYNIE....................... 1 —
Cercle de l'Union..................... 1 —
VION, POYART et BAURY, de Paris...... 1 —
Emile RUBEN........................... 1 —
SALIKER, de Paris..................... 1 —
GONDINET (Gaëtan)..................... 1 —
Achille JULLIEN, de Saint-Léonard..... 7 —
VION et BAURY......................... 3 —
CHARENTON-ROGER....................... 1 —
THABARD, sculpteur.................... 1 —
Henri ARDANT et Cie.................. 29 —
DAVID, élève de l'Ecole des beaux-arts appliqués........................... 1 —
GODEFROY, architecte.................. 1 —
DOULTON, de Londres................... 2 —
DOTEZAC............................... 1 —
GIBUS et Cie......................... 37 —

MM.	Paulin TALABOT (Mme)................	4	pièces.
	BOURDERY, élève des Ecoles de Limoges............................	2	—
	CARDAILHAC (Etienne de).............	2	—
	GINORI (marquis), de Doccia..........	3	—
	DECK frères, de Paris................	2	—
	Camille MOREAU (Mme), de Paris.......	1	—
	DONZEL (Charles).....................	1	—
	DU GARREAU..........................	2	—
	GAVARNI (Mme)........................	4	—
	L. DEBROCK..........................	1	—
	BURTY, de Paris......................	1	—
	John SAULNIER, de Bordeaux..........	2	—
	Alcide LESTRILLE, de Saint-Savinien...	3	—
	Le curé LECLERC.....................	2	—
	Le commandant TALLANDIER..........	2	—
	DE LEPHE, ingénieur.................	1	—
	Société d'Agriculture................	4	—
	VAQUERIE, maire de Saint-Bonnet.....	1	—
	JUGE-SAINT-MARTIN..................	2	—
	Charles GÉRY........................	1	—
	PRADEAU............................	1	—
	FOURNIER, conseiller.................	3	—
	DHÉRALDE...........................	1	—
	Manufacture de Sèvres...............	7	—
	Tableaux donnés par l'Etat...........	3	—
	Porcelaines de Chine, données par le ministre du Commerce.............	161	—

SOUSCRIPTEURS

1re Liste [1]

		fr.	c.
MM.	Ch. Le Sage, maire	75	»
	H. Barbou des Courrières, adjoint	50	»
	E. Fontaneau, Id	50	»
	Chamiot, conseiller municipal	50	»
	Jules Bouillon, Id	50	»
	Henri Ardant, Id	50	»
	Emile Pouyat, Id	50	»
	Baretaud, Id	20	»
	Nassans, Id	50	»
	Nadaud, Id	30	»
	Chiboys, Id	10	»
	Grellet, Id	10	»
	Compain aîné, Id	30	»
	Mandon, Id	10	»
	Charles Demartial, Id	10	»
	E. Mignot, Id	25	»
	A. Bourdeau, Id	10	»
	Léon Petit, Id	50	»
	Orliaguet, Id	20	»
	Astaix, Id	25	»
	Eugène Muret, Id	5	»
	Vénassier, Id	10	»
	Voisin, Id	10	»
	Octave de Larivière, Id	25	»
	Rousselу, Id	20	»
	A reporter	745	»

(1) Voir *le Courrier du Centre* du 15 février au 17 juin 1867.

		fr.	c.
	Report........	745	»
MM.	LEYGONIE, conseiller municipal.........	20	»
	A.-L. BARBE, Id..................	5	»
	P. DEBORT, Id..................	20	»

2me LISTE

MM.	Gabriel RANSON, conseiller municipal....	50	»
	LANGLE, Id................	50	»
	FAYETTE, Id................	25	»
	TARNEAUD frères..........................	150	»
	Adrien DUBOUCHÉ, membre de la common	100	»
	NIVET-FONTAUBERT, Id................	20	»
	MAQUART, Id................	25	»
	Alphonse BARDINET, Id................	15	»
	GUILLEMOT, Id................	20	»
	F. BRISSET, Id................	20	»
	LINARD, Id................	15	»
	GARRIGOU-LAGRANGE, Id................	15	»
	Alfred CHAPOULAUD, Id................	20	»
	LEMAS, Id................	20	»
	Emile RUBEN, Id................	20	»
	HERVY, notaire, Id................	20	»
	Léonard ROURET..........................	2	»

3me LISTE

MM.	BOBY DE LA CHAPELLE, préfet de la Haute-Vienne..............................	50	»
	Othon PÉCONNET, préfet de la Charente..	40	»
	Léon DELON..........................	20	»
	A reporter.....	1,487	»

	fr.	c.
Report........	1,487	»
MM. Jean-Baptiste Tarneaud aîné............	75	»
Frédéric Tarneaud.....................	75	»
Henri Sénémaud........................	25	»

4me Liste

MM. Alfred Laporte, membre du conseil municipal................................	50	»
Auguste Laporte......................	20	»
Gabriel Debord, membre de la commisson.	20	»

5me Liste

M. Noualhier, député de la Haute-Vienne..	100	»

6me Liste

MM. Calley Saint-Paul, député de la Haute-Vienne............................	100	»
Edouard Lamy, banquier................	50	»

7me Liste

—

Sommes recueillies par M. Macquart.

MM. Larant, pharmacien....................	5	»
F. Berthet............................	10	»
A reporter....	2,017	»

	fr.	c.
Report........	2,617	»
MM. MADOUMIER........................	5	»
GORJU..............................	2	»
GASTON frères........................	5	»
LANSADE............................	5	»

8me LISTE

MM. les artistes porcelainiers, modeleurs et couleurs de moules de la fabrique Henri Ardant et Cie........................	60	»
Louis PÉTINIAUD DE CHAMPAGNAC.......	30	»
NAVIÈRES-LABOISSIÈRE, à Saint-Paul......	5	»
Charles DULAC, garde-musée............	2	»

9me LISTE

M. LAROMBIÈRE, président de chambre.....	20	»

Sommes recueillies par M. Lemas.

Le cercle de l'Union..................	200	»
MM. LASSASSEIGNE, proviseur du lycée.......	5	»
le docteur BOUDET....................	5	»
LAUNAY, professeur d'histoire au lycée ..	3	»
LECAPLAIN, professeur de physique au lycée............................	3	»
BOYRON............................	3	»
ESTIER.............................	5	»
BELLY, élève au lycée (enseignemt spécial)	1	»
BRISSAUD, Id..................	1	»
A reporter....	2,377	»

		fr.	c.
	Report........	2,377	»
MM.	TAVERNIER, élève au lycée (enseigt spécial)	»	50
	VINCHES, Id..................	»	50
	VERNON, Id..................	»	50
	DELOTTE, Id..................	1	»

10me LISTE

Sommes recueillies par M. Adrien Dubouché.

M.	BISQUIT, à Jarnac......................	50	»
Mme	BISQUIT, à Jarnac......................	20	»
Mlle	MOUNIER, à Jarnac......................	5	»
Mme	DUBOUCHÉ, à Jarnac....................	20	»
Mlle	Solange DUBOUCHÉ, à Jarnac............	10	»
M.	Charles DUBOUCHÉ, à Jarnac............	5	»
Mme	DUFOUR, à Bordeaux....................	20	»
Mlle	Suzanne DURRIEU, à Bordeaux..........	5	»
MM.	F. CHEMINAUD, président de la Société philharmonique, à Jarnac..............	20	»
	Ernest LE FÈVRE, président de la Société des Amis des Arts, de Rouen.........	60	»

11me LISTE

M.	DEMONTS, notaire à Paris................	100	»

12me LISTE

MM.	A. LE PEINTRE, préfet des Hautes-Alpes.	50	»
	BUISSON DE MAVERGNIER, avocat........	10	»
	A reporter....	2,754	50

	fr.	c.
Report........	2,754	50

Sommes recueillies par M. Hervy.

MM. Demassiat et Labrune................	20	»
Ninard, avocat.......................	10	»
E. Sory...............................	5	»
Gustave Coste.........................	5	»
Victor Coste..........................	5	»
Firmin Ardant.........................	5	»
Jeanthom..............................	5	»
Regan.................................	5	»
Fournieux.............................	5	»
Barny fils............................	10	»
L. Bonjour............................	5	»
Aubert................................	5	»
Ch. Lacaux............................	5	»
Duchatelet............................	5	»
Roulhac...............................	5	»
Judet.................................	10	»
Émile Soumy...........................	5	»
Alphonse Deschamps....................	5	»
J. Constantin.........................	50	»

13me Liste

Sommes recueillies par M. Dubouché.

MM. Edmond Thévenin, conseiller à la Cour de Lyon...........................	20	»
Jules de Verneilh, au château de Puyrazeau.............................	10	»
A reporter....	2,954	50

		fr.	c.
	Report........	2,954	50
MM.	Pétiniaud de Champagnac, sous-préfet à Saintes..............................	20	»
Mme	Ottenheim, à Jarnac....................	20	»
M.	Eugène Roulhac, négociant à Paris.....	50	»

14me Liste

Sommes recueillies par M. Lemas.

MM.	Morel, professeur au lycée.............	5	»
	E. Blanchard, conseiller de préfecture.	5	»
	François Pichon.......................	5	»
	Gotteron, élève au lycée (rhétorique)...	»	50
	De Doumarias, Id.	»	50
	Delage, Id.	»	50
	Brunet, Id.	»	50
	P. Viviès, Id.	1	»
	Tanchon, Id.	»	50
	Devaugelde, Id.	»	50
	Lavillatte, Id.	»	50
	Gigaud, Id.	»	50
	Brousse, Id.	»	50
	Barbarin-Durivaud...................	»	50
	Bethout.............................	»	50
	Thévenin...........................	»	50
	Leclerc.............................	»	50
	Thibaut.............................	1	»

15me Liste

MM.	le président Lageon....................	20	»
	Léonce Pénicaud..................	20	»
	A reporter....	3,108	»

	fr.	c.
Report.......	3,108	»

Sommes recueillies par M. Maquart.

MM. CUCHET..............................	5	»
DUBOYS, négociant.....................	5	»
SUIDUIRAUD............................	3	»
Ernest BAZE...........................	10	»
BÉRUBET...............................	1	»
ACAULT................................	5	»
GÉRARD................................	5	»
A. PAGANETTI..........................	5	»
Gustave BAZE..........................	10	»

16me LISTE

Sommes recueillies par M. Lemas.

MM. Maurice LAPORTE......................	15	»
Gabriel CHAPOULAUD....................	10	»
Édouard DEMARTIAL.....................	10	»
Émile CHATARD.........................	5	»

17me LISTE

MM. FAURE (Gaucher), graveur..............	5	»
BEZOMBES, conducteur des ponts et chaussées..........................	1	50
Alfred JOUHAUD........................	10	»
LAVALLÉE, graveur.....................	5	»

18me LISTE

MM. HAVILAND et Cie, fabricants de porcelaine.	100	»
A reporter....	3 318	50

	fr.	c.
Report........	3,318	50

Sommes recueillies par M. Nivet-Fontaubert.

MM. Charles BATCAVE	15	»
Martial DUBAIN (hôtel *Richelieu*)	5	»
Octave LAMY	10	»
Amédée LAMY	5	»
Ludovic FAURE	10	»
LABARRE	5	»
François RECULÈS	10	»
Pierre FARGE	10	»
Charles VALETTE	10	»
TIXIER, architecte	10	»
NÉNERT aîné et Cie	50	»
BLANCHARD, caissier à la Banque	10	»
ALLÈGRE, avocat	5	»
Paul BESSE	10	»
VIGIER, receveur du timbre	10	»
Albert DURAND	5	»
Jules SOURDOIS, de Rouen	50	»
RAYMONDAUD, docteur	10	»
Adolphe NADAUD	5	»
Paul BARDINET	10	»
Hippolyte SENEMAUD	5	»

19me LISTE

Sommes recueillies par M. A. Dubouché.

Mme DE PETTERSEN, à Bordeaux	50	»
MM. Auguste DUTHIL, à Bordeaux	60	»
Adolphe BOUDET	10	»
A reporter....	3,698	50

	fr.	c.
Report........	3,698	50
MM. Georges PRELLER, à Bordeaux..........	20	»
ROULET............................	20	»
Ernest ROBIN, à Bordeaux..............	5	»
DE VILLARS, à Bordeaux...............	10	»
Émile GARDET, à Bordeaux.............	10	»
PRŒDEL, à Bordeaux...................	5	»
27 Ouvriers tonneliers, à Bordeaux......	18	»

20me LISTE

Sommes recueillies par M. Rouveaux.

MM. L. ROUBET (2e versement), 1 fr. — F. DUPUY, 1 fr. — Junien VERET, 50 c. — Jean-Baptiste SÉMÉLAS, 1 fr. 05 c. — ROUVEAUX, 1 fr. — COURTEIX, 25 c. — Mlle BÔLE, 25 c. — SOULAT, 50 c. — CORBE, 50 c. — POMMIER, 50 c. — LAULANGEA, 50 c. — DORCAU, 50 c. — PELAUDEIX, 50 c. — DUBOIS père, 50 c. — Jean DEFAYE, 25 c. — Un Anonyme, 50 c. — Mme BOUDAUD, 25 c. — Mme FOURISSOU, 25 c. — Mme LEGRAND, 25 c. — Mme BIDEAU, 25 c. — Mme GARDELLE, 25 c. — CIBOT, 1 fr. — FINET, 2 fr. — DUTREIX, 1 fr. — SAMIE, 50 c. — Pierre CONSTANT, marchand d'outils, 50 c. — Édouard ALARY, 50 c. — ROBERT, 25 c. — HÉVRAS, 25 c. — François FAUCHER, 50 c. — FAUCHER, 50 c. — Jean FAUCHER, 50 c. — PÉNÈGE père, 25 c. — BARRY fils, 50 c. — GIROUX fils, 50 c. — Louis LACORNERY, 25 c. — Eugène MARCHAT, 25 c. — THOUMIEUX, 50 c. — Marcelin BONNEAU, 50 c. — Léon VAQUIN,

A reporter....	3,786	50

	fr.	c.
Report........	3,786	50
25 c. — BRENER, 25 c. — Martial MOREAU, 25 c. — Martial BONNEAU, 50 c. — Jean LEYLAVERGNE, 50 c. — François LEGRAND, 50 c. — François RONLET, 1 fr. — Total..................	24	05

21me LISTE

Mgr	l'évêque de Limoges....................	50	»
	le Tribunal de commerce de Limoges....	100	»
MM.	PETINIAUD-DUBOS, directeur de la Banque	50	»
	LAVY....................................	5	»
	Martial BOYER...........................	10	»
	le général DALESME......................	20	»
	E. ARDANT...............................	25	»

22me LISTE

Sommes recueillies par M. A. Dubouché.

MM.	Charles GIRY, avoué à Paris.............	25	»
	Alfred BOUDET, à Limoges................	10	»
	Lorenz PRELLER, de Bordeaux (2e versement)...........................	5	»
	A. BETOLAUD, avocat à Paris.............	50	»
	Émile SIRIEYX, à Bordeaux...............	20	»
	Léon DUPUY Id	20	»
	John SAULNIER, à Bordeaux...............	20	»
	Émile BIEUNIER, Id.	20	»
	Édouard D'INTRAMS, Id.	70	»
	Charles BRANDERBURG, Id.	20	»
	A reporter....	4,330	55

	fr.	c.
Report........	4,330	55
MM. Albert BRANDERBURG, à Bordeaux.......	20	»
Achille GAUTHRIN, Id.	20	»

23me LISTE

MM. BRISSET-DESISLES, substitut à Rochechouart..............................	10	»

Sommes recueillies par M. Orliaguet.

MM. Alphonse DESBORDES..................	10	»
DEMANGEON........................	5	»
CHATENET...........................	5	»
Jules LAGARDE........................	5	»
PUYBOYER..........................	5	»
MONTAUD............................	10	»
MARVAUD............................	5	»
Adhémard LABONNE...................	5	»
Martial LABONNE....................	5	»
DESBREGÈRE.........................	5	»
BOULESTIN...........................	5	»
MAYÉRAS.............................	5	»
PEYRUSSON...........................	5	»
BEGUIRIA.............................	5	»
VEYSSIÈRE............................	1	»
BOUTARD.............................	1	»

24me LISTE

MM. le vicomte DE LA GUÉRONNIÈRE, sénateur...........................	100	»
LAJUDIE frères........................	20	»
A reporter....	4,582	55

	fr.	c.
Report........	4,582	55
M. F. Latrille, fabricant de porcelaines, à Solignac..........................	25	»

25me Liste

MM. de Fleurelle..........................	20	»
Nadaud, ancien premier président.......	25	»
Defaye et Patry..........................	5	»
Morin, avoué..........................	10	»

Sommes recueillies par M. Maquart.

MM. Bignaud, entrepreneur..................	10	»
Paillier, agent-voyer..................	10	»
Jules Ranson, négociant.......	20	»

26me Liste

Sommes recueillies par M. Orliaguet.

MM. de Grave..........................	20	»
Patrem..........................	5	»
Picat..........................	5	»
Nouger..........................	5	»
Montet..........................	5	»
Ducourtieux..........................	5	»
Laguenie..........................	5	»
Poutet..........................	5	»
Institution Orliaguet, les professeurs et les pensionnaires....................	25	50
A reporter....	4,788	05

	fr.	c.
Report........	4,788	05

27me Liste

MM. Teisserenc de Bort..................	100	»
Eugène Laporte........................	10	»
Faustin Gonneau.......................	20	»

28me Liste

—

Sommes recueillies par M. Lemas.

Cercle des Jeunes Gens.................	50	»
MM. Pierre Gavarni.........................	25	»
Charles Roulet..........................	5	»
Raymond Laporte........................	5	»
Charles Romanet du Caillaud.........	20	»

29me Liste

—

Atelier de modelage de la maison F. Alluaud aîné.

MM. Gardelle............................	2	»
Radureau..............................	2	»
Meytadier.............................	1	»

Atelier de peinture.

MM. Legentile...........................	2	»
Bonneaud..............................	2	»
Peccioli................................	1	»
A reporter....	5,033	05

	fr.	c.
Report........	5,033	05
MM. LABESSE........................	1	»
BRISSAUD........................	1	»
PÉRET........................	1	»
BERNARDEAU........................	1	»
BAYLE........................	1	»
TEBARD........................	1	»
LAVAL........................	1	»
BREUIL........................	1	»
ROUGERIE........................	1	»
DUPUY (élève)........................	»	50
MERLIN, caissier........................	5	»
F. ALLUAUD aîné........................	100	»

30me LISTE

MM. Léopold PIGANNEAU, à Bordeaux.........	20	»
Edmond PICARD, Id.............	20	»
PRIETO DE ACHA, Id.............	20	»
VIGIER, maître d'hôtel..................	5	»
LEROY, miroitier........................	5	»
Félix ABRAHAM, à Marseille..............	100	»

31me LISTE

La loge des *Artistes réunis*, de Limoges..	46	»
M. Joseph BRUNET, juge d'instruction à Paris.	20	»

32me LISTE

Sommes recueillies à Bordeaux par M. Lorenz Preller.

Anonyme........................	5	»
A reporter....	5,388	55

	fr.	c.
Report........	5,388	55
MM. Maurice SEGRESTAA......................	10	»
Joseph-Méandre LAPOUYADE............	10	»
J. SAMAZEUILH et fils...................	10	»
Docteur LEVIEUX........................	10	»
Lorenz PRELLER (3e versement).........	15	»

Sommes recueillies par M. Orliaguet.

MM. DUVERT, maire de Verneuil..............	20	»
Alphonse MALLEVERGNE................	10	»
DESBORDES...............................	5	»

33me LISTE

MM. Ernest LAPORTE........................	30	»
Psalmet DE VANTEAUX..................	50	»

34me LISTE

—

Sommes recueillies par MM. Guerry et Delinières, fabricants de porcelaines.

MM. CHADAL, modeleur, 5 fr. — BOUDIN, employé, 2 fr. — MASSALOUX, 2 fr. — FLOUQUET, 2 fr. — MAISONGRANDE, 1 fr. — SALON père, 1 fr. — BREFFY, 1 fr. — DUROUSSEAU, 1 fr. — LEYGNAC, 1 fr. — CHADELY, 1 fr. — VILLATE, 1 fr. — Jean MAGNE, 1 fr. — GRANGER aîné, 1 fr. — TREICH, 1 fr. — James DENANOT, 1 fr. — Jules MAGNE, 75 c. — BURG, 50 c. — COUSSY fils, 50 c. — SALON fils, 50 c. — PÉRONNET,

A reporter....	5,558	55

	fr.	c.
Report........	5,558	55
50 c. — BOUCHERON, 50 c. — GRANGER jeune, 50 c. — PAILLER, tourneur, 50 c. — CHAILLAT, 50 c. — BOUDAUD, 50 c. — DÉGOT, 50 c. — PONCET, 50 c. — LAMAREILLE, 50 c. — VARNOUX, 1 fr. — MARQUET, 1 fr. — Léon DENANOT, 1 fr. — Martial NICOLAS, 50 c. — DINTRAS, 50 c. — GENDARME, 50 c. — NÉGRIER, 50 c. — CHABROL, 50 c. — PAULIAT, 50 c. — COSTE, 50. c. — LECLERC, 50 c. — CANTIAT, 50 c. — FLEURY, 50 c. — PAILLER, marcheur, 50 c. — GÉRARD, 25 c. — THOMAS, 25 c. — TANDEAU, 25 c. — MOREAU, 25 c. — DEMERLIAT, 25 c. — Mlles SOURDOULAUD, 25 c. — PINIER, 25 c. — GÉRY, 25 c. — Mmes PÉRICAUT, 25 c. — COIFFE, 25 c. — MARQUET, 25 c. — BOUDAUD, 25 c. — Total........................	40	25
MM. GUERRY et DELINIÈRES..................	50	»

35me LISTE

MM. Joachim BOUDET, propriétaire à Beaune..	10	»
Gustave BOUDET, Id.	10	»

Sommes recueillies par M. Nivet-Fontaubert.

MM. Ch. BOUDET..........................	10	»
Mme Ch. BOUDET..........................	5	»
MM. Maurice BOUDET......................	5	»
Adolphe MARBOUTY....................	10	»
J. CLAUDE, vice-président du conseil de préfecture..........................	10	»
Désiré BOYER, fabricant.................	10	»
Faustin VILLEMAINE..................	10	»
A reporter....	5,728	80

	fr.	c.
Report........	5,728	80

36me Liste

MM. le comte de Montbron.................	100	»
Chabrol, président du conseil de prud'hommes..........................	20	»

37me Liste

—

Sommes recueillies par M. Nivet-Fontaubert.

MM. Ch. de Léobardy........................	10	»
Henri Martin du Puytison.............	10	»
Marquis des Monstiers de Mérinville.	50	»
Anonyme..............................	20	»
Anonyme..............................	20	»
Edmond Jabet.........................	20	»
Melchior de La Pomélie...............	20	»
Marc de La Guéronnière...............	20	»
Paul Lagrange........................	40	»

38me Liste

—

Sommes recueillies par M. Lemas.

MM. Hippolyte Delor......................	10	»
Firmin Delor.........................	10	»
Louis Delor..........................	5	»
Maurat-Ballange, percepteur..........	10	»
A reporter....	6,093	80

	fr.	c.
Report........	6,093	80
MM. Charles LATRILLE........................	10	»
L. PARANT et Cie.........................	50	»
le contre-maître de la fabrique L. PARANT et Cie..................................	5	»
les Ouvriers de la même fabrique.......	12	75
Alfred COSTALLAT........................	5	»

39me LISTE

MM. Charles GÉRY, préfet de la Corse.........	50	»
L. BABAUD-LARIBIÈRE..................	20	»
Paul DEMARTIAL........................	10	»

Sommes recueillies par M. Dubouché.

MM. Henri NOUALHIER.......................	20	»
Henri PRADEAU..........................	20	»
DE LESTERPT............................	50	»
GUICHARD, président de *l'Union des Arts appliqués à l'Industrie*..........	20	»
PARANT, à Bordeaux..................	100	»
TOTAL..............	6,466	55

Limoges. — Typ. Châtras et Cie.

www.ingramcontent.com/pod-product-compliance
Ingram Content Group UK Ltd.
Pitfield, Milton Keynes, MK11 3LW, UK
UKHW022130170726
13837UKWH00003B/1463